¿Co1 que Callo?

Una reflexión sobre la superficialidad de nuestras relaciones, la falta de guías, conjugado con las pocas herramientas de superación personal que manejamos como sociedad.

Introducción

"Nunca le cuentes tus problemas a nadie, al 80% no les importan y al otro ven les alegra que los tengas"

Con una frase popular como esa, no es raro que me haya surgido la necesidad de escribir un libro que se titule: *¿Con quién hablo lo que callo?*

Mi deseo es poder ayudar a encontrar canales y formas de comunicación apropiadas para que entendamos que comunicar nuestros sentimientos, problemas y ansiedades puede ser una de las pocas manera que tengamos de resolver nuestros conflictos internos.

Es a través de la descarga de este pesado grupo de inconvenientes que solemos llevar en nuestras espaldas, como comenzamos a liberarnos de ellos.

Pero todo esto nos plantea el no poco frecuente inconveniente de a quién les confiamos nuestras penas, nuestros temores, inseguridades y secretos.

¿Dónde podemos encontrar un amigo, familiar, o conocido que pueda guiarnos al navegar en el mar de problemas en el que vivimos?

¿Cómo podemos encontrar la luz cuando todos estamos a obscuras? ¿Quién tiene respuestas en un mundo lleno de preguntas? o aún mejor, ¿Quién se atreverá a hacernos las preguntas incomodas que necesitamos hacernos para así poder crecer, madurar y superar los obstáculos que nos impiden ver nuestra propia luz?

Comunicación

Hablar, charlar, platicar, cotorrear, llámalo como quieras pero es eso que lo humanos hacemos, nos gusta, nos sirve, no hace sentirnos menos solos, nos hace entendernos, o pelearnos.

La comunicación puede acercarnos o alejarnos, también puede ayudarnos a vender nuestros productos, a enamorar a la persona deseada y a pasar la tradición familiar de generación en generación. Es precisamente nuestra capacidad de comunicarnos los unos con los otros lo que nos ha llevado hasta donde estamos hoy como especie. El avance tecnológico más importante que hemos tenido en toda la historia de la humanidad, no es el pulgar opuesto (habilidad de utilizar nuestras manos como herramientas) sino la capacidad de comunicarnos entre nosotros.

Sin esta coordinación entre personas, sin el esfuerzo coordinado, o la ayuda a la hora de materializar nuestras ideas, difícilmente hubiésemos salido de las cavernas.

Somos quienes somos, debido a nuestra comunicación.

El modelo básico de la comunicación habla de lo siguiente:

Para que exista comunicación, necesitamos un mensaje (lo que se quiere comunicar) un emisor (quien emite el mensaje) un receptor (quien recibe el mensaje) y un canal (forma en la cual llega el mensaje, ya sea escrito, hablado, un video, llamada telefónica, lenguaje de señas, etc).

En algunos modelos se habla también de la interferencia como algo inherente a la comunicación que son los distintos factores que pueden hacer que el mensaje no llegue de la manera en la que el emisor lo espera, por ejemplo muchos ruidos cuando hablamos, o una mala caligrafía que hace que la otra persona mal interprete el mensaje.

Hoy en día nos comunicamos mucho y de muchas maneras completamente nuevas. Mandamos textos, audios, videos, fotos, artículos, páginas web, memes, videos, audios, dibujos con el celular, emojis, stickers, hacemos una transmisión en vivo desde casi cualquier punto del planeta y hasta casi cualquier persona podría transmitir en vivo hacia el mundo entero desde su celular.

Estamos continuamente intercambiando información los unos con los otros, quizás solo a base de emojis y memes, pero nos comunicamos.

"Es imposible no comunicar" Paul Watzlawick

Siempre estamos comunicando, hasta cuando ignoramos a alguien estamos comunicando que no queremos comunicarnos.

No hace mucho aprendí un nuevo termino "gohsting" algo así como "fantasmear" que básicamente significa, cuando alguien decide desaparecer de nuestra vida digital, o sea, bloquearnos de las redes sociales, whatss app, y toda forma comunicación digital terminando así cualquier tipo de relación con nosotros sin más explicación que la finalización de toda comunicación.

¿Qué decimos cuando hablamos?

Para mi las palabras son arte, están vivas y debemos darles ese valor. Necesitamos ser cuidadosos con las palabras que utilizamos, con los matices que les imprimimos e identificar la carga emocional de cada palabra para nosotros para así poder tener una comunicación efectiva, es decir que el otro logre comprender lo que nosotros queremos transmitir.

Tenemos que tomarnos el tiempo para entender nuestras relaciones con las palabras, la historia que tenemos con ellas, y lo que nos hacen sentir cunado son esgrimidas hacia nosotros y que se entiende de ellas cuando nosotros las decimos.

No es lo mismo decir te quiero a decir te necesito. No es lo mismo expresar: tengo miedo a estar solo, a decir: te amo. ¿Qué es lo que nosotros queremos decir con cada palabra? ¿En la zona en la que vivo qué se entiende por esa palabra y qué se entiende en otros lados?

La mayoría suele olvidar lo rico que es nuestro lenguaje lo vivo que está y la enorme, cuasi infinita, cantidad de matices que tiene. Somos muy afortunados de tener el español como nuestra lengua materna.

Parecería que a medida que ha pasado el tiempo, hemos sobresimplificado nuestra comunicación en aras de hacerla más rápida, más dinámica, pero tal vez menos efectiva. Usamos abreviaciones, stickers, emojis, una sola letra para representar una palabra, y permitimos que las faltas de ortografía permeen por doquier. Aún cuando cualquier navegador de internet podría sacarte de prácticamente cualquier aprieto ortográfico en el que te encuentres, pareciera como si a la mayoría no le importase dejar en el olvido a todas las reglas de la real academia española.

Hablamos de deportes, de política, de religión, del clima, del fin del mundo, los iluminatis, los reptilianos, ovnis, zombies, la próxima pandemia o la mama de Luis Miguel.

Hablar es prácticamente gratis, quizás sea por eso que no le ponemos limites a nuestras conversaciones. Muchos tiemblan ante los silencios incómodos y están dispuestos a rellenarlos con todo lo que salga de sus fauces con tal de no enfrentarlos.

¿Te has puesto a pensar que es lo que nos hace sentir tan incomodo de los silencios? ¿Por que crees que está mal quedarse callado en presencia de alguien más, como cuando vamos en el elevador y pareciera que inmediatamente uno debe hablar del clima, o alguna otra trivialidad semejante?

Quizás sea que nos sentimos algo inseguros ante la presencia del otro y hablar pone una sana distancia entre quien realmente soy, lo que estoy pensando y el otro. A ti ¿Te ponen incomodo los silencios y si es así a qué crees que se deba?

Hablar nos hace sentir acompañados aún cuando lo hagamos con desconocidos, es una forma de enfrentar la incertidumbre, de matar el tiempo, de acortar distancias. Hablar es la forma favorita de interactuar entre nosotros, pero ¿Hablamos de todo?

¿De qué hablamos?

El miedo es una de las emociones más fuertes en el ser humano, y hay un sin fin de cosas de las que evitamos hablar, o al menos evitamos comprometernos cuando hablamos de ellas.

Dependiendo de cada cultura hay un buen número de temas que consideramos tabúes, prohibidos, o impropios de una conversación casual y por lo tanto no aptos para las pláticas cotidianas.

¿Qué es lo apto para poder platicar? ¿Quién decide que clase de temas pueden o no ser abordados en una plática de café o durante la cena?

De alguna manera nosotros como sociedad damos las pautas de que tan profundas pueden o no ser nuestras interacciones cotidianas, ya que no solo depende de lo intensos o complicados de los temas, sino de la confianza que nos genere nuestro interlocutor.

Hay un sin fin de cuestiones que consideramos demasiados personales como para andar compartiendo con todo mundo y mucho más cuando sabemos de la enorme predilección de muchas personas por platicar acerca de la vida ajena y sí, me estoy refiriendo al chisme.

"Las grandes mentes discuten ideas. Las mentes promedio discuten acontecimientos. Las mentes pequeñas discuten a la gente." Eleanor Roosvelt

El chisme es considerado una especie de deporte nacional, es algo a lo que pareciera que las personas son incapaces de resistirse. El enorme éxito de las publicaciones en linea y físicas que tratan de temas tan importantes como el último embarazo de tal o cual actriz, la infidelidad de tal cantante o la homosexualidad de un deportista lo atestiguan.

Hay una enorme cantidad de programas de televisión y cuentas de redes sociales cuyo único propósito es el dar a conocer de la vida de los demás, vidas que poco y nada tienen que ver con la nuestra pero no podemos resistirnos a saberlo, ¿O sí?

Lo bueno del chisme, y por lo que personalmente creo que es tan popular entre las personas, es que al hablar de los demás, podemos evitar hablar de nosotros mismos. Al centrar nuestros foco de atención en el afuera dejamos, así como de casualidad, sin atender nuestros problemas, nuestras falencias y errores.

De más esta decir que el 99% de los chismes que uno se entera tienen una connotación maliciosa, difícilmente los chismes populares tratan sobre cosas positivas, sino más bien de las indiscreciones y las áreas más controversiales de la vida de los demás.

También de alguna manera, si vemos a estas celebridades y personas famosos o exitosas tener problemas y traspiés, de alguna manera hasta nos sentimos mejor. Si hasta el actor más guapo, famoso y exitoso le ponen el cuerno, que puede esperar uno ¿No es verdad?

Muchas personas sienten que brillan más si en vez de dedicarse a trabajar en su propia luz, tratan de obscurecer la de los demás, y el chisme es una herramienta muy eficaz para eso. Centrándonos siempre en los problemas de los que nos rodean y particularmente ignorando todo proceso consciencia propio podemos irnos a dormir muy satisfechos con el enorme éxito que tenemos en la vida. ¿No es así?

Permítanme compartirles una anécdota atribuida al filosofo griego Sócrates, que hace referencia al chisme, es la prueba de los tres filtros.

La prueba de los tres filtros sócraticos

Un día llegó un alumno del filósofo griego y dijo

- Maestro, un amigo suyo estuvo hablando mal de usted.

Un momento - respondió Sócrates – antes de que me lo cuentes, me gustaría hacerte el test de los tres filtros.

-¿Los tres filtros?

- Si, efectivamente- respondió Sócrates – antes de contar cualquier cosa sobre los otros, es bueno tomarse el tiempo de filtrar lo que se quiere decir, o sea pasarlo por tres tamices. El primer tamiz es la verdad. ¿Has comprobado si lo que escuchaste y me quieres contar es verdad?

-No... solo intento repetir lo que he oído en otro lado.

- Muy bien. Así que no sabes si es la verdad. Continuemos con el segundo filtro, el de la bondad. Lo que quieres decirme sobre mi amigo, ¿Es algo bueno?

-No, por el contrario. Es algo malo – respondió el alumno.

- Entonces – continuó Sócrates – quieres contarme cosas malas acerca de él y ni siquiera estás seguro de que son verdaderas. Tal vez aún puedas pasar al última prueba, el filtro de la utilidad. ¿Es útil que yo sepa que habría dicho o hecho este amigo?

-No, para nada.

-Entonces – concluyó Sócrates – finalmente lo que quieras contarme no es ni cierto, ni bueno, ni útil. ¿Por qué querías decirme y por qué yo querría saberlo? Mejor olvidalo aquí mismo.

¿Cómo estás?

Hay ciertos temas que solo hablamos con gente de nuestro entorno más intimo, de quienes esperamos ayuda, consejo, contención o tan solo la esperanza de encontrar en ellos un espacio para descargar nuestros problemas.

Una de las formas más comunes de saludos es el saludarnos diciendo: Hola, ¿Cómo estás? Pero la verdad es que no queremos saber como está la otra persona, sino que es un mero formalismo. Si alguien se atreviera a contarte realmente como está probablemente saldrías corriendo.

Entonces ¿A quién podemos contarle cómo estamos?

Hay un tiempo, un lugar y una persona con la cual podemos hablar de ciertos temas. Hay otras cuestiones que que no nos son tan fáciles de abordar con cualquiera. Ciertos temas que revisten un carácter sensible y de los cuales preferiríamos no platicar abiertamente.

Aunque el ¨humor¨ actual pareciera abordar hasta los más macabros de los hechos, la verdad es que estamos más preparados para reírnos de la tragedia ajena, que para decirnos unos a otros como nos sentimos.

Encontrar memes sobre violaciones, asesinatos, la pandemia 2020, las muertes por covid 19, la explosión en el Libano, o stickers sobre el homicidio de un ladrón que subió a robar el transporte público y fue golpeado hasta morir no parecen ser suficientes en nuestra sociedad, para mi la muestra de que no existe limite alguno sobre el "humor" lo demuestra un *Sticker* de el mismísimo Adolfo Hitler sosteniendo un cartel que dice: Abre, soy el del gas.

¿De qué hablamos? ¿Cuáles son los típicos temas que abordamos con ese círculo de personas que tenemos cerca? Y más importante aún ¿Cuántas veces mentimos al contestar automáticamente, bien a la pregunta, cómo estás?

Nadie en realidad quiere saber cómo estamos, es apenas un modismo, una forma cordial de saludarnos, y la respuesta comúnmente aceptada es: bien. Cualquier otro tipo de respuesta hace que nos pongamos en alerta, que nos sintamos incómodos, que tratemos de huir de una situación de la que no quisimos formar parte.

Hay un nivel de intensidad socialmente aceptado en nuestras interacciones ya que nadie quiere empezar el día escuchando todo los pesares y problemas que trae un compañero de trabajo consigo.

Necesitamos mantener nuestras conversaciones lo suficientemente superficiales como para que sean aptas a todo público y con un porcentaje de intensidad lo suficientemente bajo para que no sean tan intensas como para que la otra persona se sienta incómoda al oír nuestros problemas y disyuntivas.

¿Crees que estás preparado para oír, sentir y percibir, todo lo malo que les pasa a las personas a tu alrededor todo el tiempo?

Cargarte todo el día con los problemas y tribulaciones de los demás es una enrome carga energética que puede hacer que tus días sean extremadamente sombríos si no sabes como tratarlo.

¿Nunca te ha pasado de sentirte muy bajo de energía luego de estar con una persona que se la ha pasado contándote lo mal que la va en la vida y lo desesperanzada de su situación?

Todos tenemos una necesidad de descargarnos, de confiar en alguien, de que alguna persona nos ayude a cargar el peso de nuestros problemas, pero ¿Quienes pueden hacerlo sin ser aplastados por los mismos?

Además no tardarás mucho tiempo en quedarte sin amigos si te la pasabas inundándolos día y noche con tus problemas, dudas y ansiedades.

Después de todo hay algunos amigos que solo sirven para reír y unos pocos que están dispuestos a llorar con nosotros.

"Ríe y el mundo reirá contigo, llora y llorarás solo"
Eli Wilcox

Muchos pueden escucharnos hablar sobre nuestros corazón roto, pero ¿Dónde? ¿Cuándo? Y ¿Con quién te sentirías cómodo mostrando tus debilidades, mostrándote afligido y dolido por algo que se supone debería ser solucionado en privado?

De alguna manera nuestra sociedad espera que suframos en silencio, que suframos de manera decente de las puertas para adentro. Se nos enseña a no mostrar el dolor, a no platicar de ciertos temas y a mantener lo que verdaderamente pensamos o sentimos para nuestros círculos más íntimos.

Hay algunos lugares donde puedes sufrir en público como en una funeraria, en un hospital, o hasta en el cine. ¿Pero en un restaurante? Se supone que no deberíamos armar una pelea o discusión acalorada en la vía pública, como si uno lo hiciera adrede, como si uno pudiera regular cuando la vida nos va a sobrepasar y nuestras emociones ya no se aguanten más estar comprimidas dentro nuestro.

Hay lugares que fungen para tal fin, para la descarga, para ser nosotros mismos, y esos son los lugares íntimos. Hay momentos que quizás se puedan considerar apropiados, pero a nadie le gusta llorar o ver llorar a alguien al lado de uno mientras está comprando ropa o tomando un café.

Como que el sufrimiento es algo que debe realizarse con el núcleo más cercano, o al menos alejado de la mirada del prójimo.

Quizás sea el hecho que nos hace poner frente a nuestras propias vulnerabilidades y dolores, dolores que necesitas encerrar en tu pecho y hacer de cuenta que no existieran para beneficio de las susceptibilidades de los demás.

Tal vez las mujeres tengas más derechos sobre esta clase de menesteres, ya que de alguna manera se les permite demostrar sus emociones sin ser tan censuradas, tal vez por la enorme incógnita que significa para los hombres los momentos hormonales de ellas o más seguramente por la enorme cantidad de prejuicios con los que los hombres hemos cargado al género femenino durante milenios.

Lo cierto es que el sufrimiento, el dolor y el llanto no son algo que esté bien visto que se haga en público, pero sin la posibilidad liberadora de sublimar nuestros dolor a través de las lagrimas y la palabra, ¿Qué nos queda?

El llanto

El llanto es una de las acciones físicas que más logran que nos descarguemos. ¿No te has sentido más liviana, más descargado luego de llorar? Es como si de alguna manera vaciáramos un poco de eso que teníamos dentro.

El llanto no solo implica una descarga emocional sino también una descarga física. El llorar nos cansa físicamente y también remueve nuestras emociones al dejarlas salir.

El llorar nos permite sublimar, que en psicoanálisis significa una forma de transformar los impulsos instintivos en actos más aceptados social o moralmente.

¿Es que hay un momento para llorar? ¿El llorar no es algo que deberíamos hacer cuando nos surja la emoción?

Si una mujer llora se la acusa de hormonal, sensible o débil y si un hombre lo hace además se le cuestiona su masculinidad.

Me imagino que ya te habrás dado cuenta de que no podemos llorar ni cualquier momento ni en cualquier lugar, pero a la vez sabes que llorar libremente, en un ambiente propicio puede ser una actividad de lo más liberadora y sanadora.

Nos encontramos entonces con la paradójica necesidad de llorar pero imposibilitados socialmente de hacerlo cuando nos provoca.

En japón quedarse dormido en el trabajo es un signo de que uno trabaja tan arduamente que el cansancio lo venció. Al contrario de lo que pasaría en una cultura latina, es algo que esta bien visto.

Partiendo de ese mismo principio, si tu trabajo hace que descuides a tu familia, a tus amigos o hasta a ti mismo, negándote momentos de dispersión, o ensimismamiento ¿No sería esperable que uno llore para descargar todo eso? Si tu jefa te ha gritado o tratado injustamente ¿No sería lógico esperar que lloremos de impotencia para descargarnos y luego seguir trabajando?

Generar un ambiente laboral en el cual cada uno de nosotros seamos lo más emocionalmente estables posible sería una gran forma de sentirnos más plenos y a la vez ser más productivos en nuestros trabajo ya que seriamos mejores personas al sentirnos en paz con nosotros.

Mas allá de las opiniones sociales sobre el llanto, la necesidad de expresar nuestras emociones es básica y fundamental.

Es totalmente aconsejable terapéuticamente hablando, el canalizar nuestras emociones de forma que podamos utilizar las válvulas de escape más idóneas para cada uno de nosotros.

El llanto, el grito, el insulto o quizás romper algo pueden ser algunas de las maneras de exteriorizar algo que tenemos atorado dentro nuestro y que no hallamos manera de sacar.

Es muy individual que acción nos llevará a esa descarga tan necesaria en nuestra vida. Nuestra mente es como una olla a presión, algunos de nosotros podemos aguantar un número muy grande de situaciones estresantes y angustiantes, pero todo tiene un limite, y es nuestro deber para con nuestra salud mental conocer ese limite e ir utilizando esa válvula de escape para ir descargando esa presión

Válvula de escape

Es esa forma en la que dejamos salir las presiones que nos agobian. Todo eso que encerramos en nosotros mismos, tarde o temprano deberá salir.

Las válvulas de escape son totalmente individuales, un sujeto podría utilizar el deporte, el yoga, el tenis, o el fútbol, para relajarse y sacar fuera las presiones que lleva dentro, mientras que para otra persona, leer, meditar, boxear, llorar, gritar, escuchar música o hasta un paseo por el parque podrían ser sus soluciones.

Lo que caracteriza a una válvula de escapa es que después de utilizarla, nos sentimos más relajados, más a gusto con nosotros mismos, como si estos problemas que antes nos aquejaban, fueran menguando de importancia.

Pero la realidad es que aún utilizando estas válvulas de escape, los problemas siguen ahí, lo que sea que haya ocasionado que esa presión se acumule no desaparece, la única forma duradera de resolver los problemas es enfrentarnos a ellos, aunque en el corto plazo las válvulas de escape son fundamentales para mantenernos funcionando.

Enfrentando problemas

Las circunstancias particulares de cada problema, hace que sea necesario que abordemos cada uno de ellos de una manera diferente.

El tiempo que nos puede llegar a tomar resolverlos o hasta enfrentarnos a ellos hace que carguemos con esta energía durante un monto indeterminado de tiempo.

¿Qué hacemos mientras tanto? La forma en la que lidiamos con esta ansiedad que nos genera un problema aún no resuelto y como seguimos adelante con nuestra vida determina la calidad de esta.

Podemos utilizar las válvulas de escape mientras tanto, pero no por mucho tiempo, ya que las válvulas no hacen nada por minimizar nuestra ansiedad en el problema sino que nos ayudan a descomprimirnos mentalmente al no pensar en nuestros inconvenientes durante algún tiempo. Las válvulas de escape atacan los síntomas más no el problema en si.

Lo que necesitamos hacer es lo contrario a preocuparnos, es tomar acción, es ocuparnos.

Ocuparnos

¿Cómo nos ocupamos de un problema? De dos
formas, activamente, haciendo lo necesario para
resolverlo, y pasivamente, pensando lo necesario para
resolverlo.

Ocupación Pasiva

Es la parte previa a tomar tomar acciones directas y
concretas tendientes a la pronta resolución del
conflicto. Son los pensamientos que conforman los
planes que luego deberemos llevar a la acción para
resolver nuestro problema.

Reconocimiento del problema (Ocupación Pasiva)

El primer paso para para resolver un problema es
reconocer que tenemos uno. Por definición un
problema es una situación temporal que nos genera
cierto grado de molestia o inconformidad y tiene una
o varias formas de solucionarse.

Un problema debe ser temporal, ya que si no fuera
posible resolverse no sería un problema sino una
situación dada, al menos en el corto plazo. Si no
existe forma de resolver ese problema, entonces ya
deja de serlo y pasa a ser una circunstancia de vida.

Si mi problema es que no tengo dinero para hacer un
viaje este fin de semana, e intenté conseguirlo de
todas las maneras posibles y ninguna ha resultado,

pues entonces ya no tengo un problema, en este plazo de tiempo es un situación dada mi falta de dinero para viajar este fin de semana.

Análisis del problema(Ocupación Pasiva)

Necesitamos entender ante que tipo de problema nos estamos enfrentando, y para ello debemos entender de dónde proviene, qué lo genera y cuáles son las posibilidades que tenemos de resolverlo a corto, mediano y largo plazo, según corresponda.

Analizamos de que manera nos afecta la situación, que herramientas propias o de nuestros aliados tenemos a nuestra disposición y el costo de utilizar cada una de ellas.

El análisis es evaluar todos las alternativas posibles para resolver nuestros problemas. El análisis es la herramienta que nos permite identificar las formas en las que podemos ocuparnos del problema, pero si no nos decantamos por ninguna alternativa y no salimos nunca de la parte teórica hacia la acción tendiente a resolver el conflicto, no hallaremos estancados en el circulo vicioso de la preocupación.

Accionar sobre el problema(Ocupación Activa)

Con el problema planteado y analizado, es momento de accionar. Si no tomamos las medidas que ya hemos evaluado seguimos en una etapa previa a la resolución del problema. Si nos quedamos en el pensamiento previo, dándole vueltas a distintas alternativas, evaluando costos y beneficios de cada acción y las repercusiones de las mismas pero jamás accionamos, entonces nunca saldremos de la etapa de preocupación.

Luego del planteamiento y del análisis viene la acción. Tomar cartas en el asunto y hacer lo que sea que esté en nuestras manos para resolver este conflicto.

Si por algún motivo no hay ningún curso de acción posible por el momento, entonces nos hallamos ante un problema sin solución y un problema sin solución no es un problema sino una circunstancia de vida a la que debemos adaptarnos, al menos momentáneamente.

Re planteo(Ocupación Pasiva)

Esta es la etapa final en la que damos por sanjado y resuelto el problema o volvemos a comenzar. Es el análisis final sobre si la situación de incomodidad ha desaparecido por completo o en parte y si hace falta volver a analizar el problema o podemos seguir adelante, asumiendo ese resultado como un nuevo *statu quo*.

Impermanencia

¨Ningún hombre puede cruzar dos veces el mismo río, porque ni hombre ni río son los mismos¨
Heráclito

El desafió de hoy en día es desarrollar un nuevo sistema de creencias y aptitudes que nos permitan avanzar en la situación actual, cada vez más cambiante, más volátil y menos previsible.

La palabra ojalá, es una palabra muy peligrosa para utilizarla al comenzar una oración. Comenzar a hablar diciendo por ejemplo: ojalá esta pandemia acabe pronto, implica que de alguna manera no hay nada en nuestros poder que podamos hacer para controlarla. Es una forma de externar todo el poder y quedarnos impotentes.

Hay cambios drásticos en nuestra vida que parecieran poner el mundo de cabeza y hay poco que podamos hacer nosotros como individuos al respecto. Por ejemplo en el caso de la pandemia 2020, si bien es cierto que no podemos hacer nada sobre la forma en la que los gobiernos y empresas decidan accionar, hay mucho que podemos hacer nosotros con respecto a las decisiones que tomemos sobre nuestra vida en está situación particular de enfermedad y confinamiento que podrían cambiar radicalmente como te encuentras y las oportunidades que podrías aprovechar.

No es nuestro trabajo ser adivinos acerca de lo que va a pasar en el mundo en los próximos meses. A decir verdad no deberíamos invertir esfuerzo y energía en tratar de adivinar ¿Hacia donde irá el mercado? ¿Qué sectores crecerán? o ¿Cuándo las cosas serán lo que habían sido?

Nuestro trabajo como personas conscientes es hacernos cargo del ahora, ni del ayer ni del mañana, sino de un horizonte temporal lo suficientemente manejable como para que nuestras acciones tengan un impacto en él.

El ayer nos puede servir como fuente de recuerdos, de enseñanzas, pero centrarnos en él solo nos evita apreciar donde verdaderamente habitamos, en el hoy.

El mañana debe ser contemplado, ya que hay muchas acciones que tomamos hoy que tienen una consecuencia que será vista en el mañana. Pero una vez realizadas esas acciones, mirar al mañana con ansiedad nuevamente nos vuelve a quitar el foco de donde debe estar y eso es en el hoy.

Necesitamos enfocarnos en nuestro aquí y ahora, definiendo nuestra situación, y entendiendo que cualquier problema que se suscite no durará para siempre, necesitamos ser asertivos y tomar acciones, por eso que te pregunto: ¿De qué manera te preparas para tu hoy?

El corto plazo a veces es el único plazo que tenemos, y adaptarnos a esta situación puede ser la única manera de salir adelante. Entender nuestro hoy, ver que amenazas y oportunidades ofrece y accionar desde la consciencia de saber donde estoy parado y hacia donde quiero ir.

Toda situación por terrible que parezca encierra oportunidades, aunque a veces no sea más que la oportunidad de salir con una voluntad fortalecida por haber atravesado por lo que parecía ser un infierno.

El C.E.O. de intel Adrew Gorve dijo ¨Solo los paranoicos sobreviven¨ y creo que este es un momento crucial para comenzar a ser paranoicos.

Con mercados menguantes y un tsunami de empresas cerrando y profesionales sin empleo debido a toda la situación mundial producto del coronavirus y las medias socio-económicas que han tomado los gobiernos, debemos ponernos a pensar en cuales de nuestras aptitudes tienen hoy en día valor de mercado, y para ello necesitamos tener esta actitud paranoide de no dejar piedra sin levantar en busca de una oportunidad social, personal y laboral que nos permita seguir avanzando en la dirección de nuestras metas.

Ser paranoico no es pensar que el mundo conspira en mi contra, sino entender que cualquier éxito que pueda tener en la vida será efímero y necesito continuamente trabajar para mantener lo que tengo y también conseguir lo que anhelo. No solo me refiero a lo laboral, sino en todos los aspectos, ser mejores padres y madres, esposos y esposas, amigos y amigas.

Ser paranoico no quiere decir creer que todo va a salir mal, sino que si estoy luchando por algo que vale la pena, sería lógico asumir que no soy el único luchando por eso. Así que debo tratar de ser mi mejor versión para poder asegurarme esa meta que deseo y busco activamente.

Necesitamos enfocarnos en como salir adelante, como seguir progresando y vivir la vida que deseamos cuando la mayoría solo se concentran en sobrevivir.

No le estoy quitando la importancia a sobrevivir, pero ¿No crees que mejor que sobrevivir es vivir realmente? No hablo solo con lo básico, sino de una forma que nos haga sentir plenos.

Para poder sentirnos plenos debemos estar en sintonía con nuestros valores y en una época de constante cambio quizás debamos desempolvar algunas aptitudes que teníamos olvidadas.

Nuestra actitud siempre es vital, somos actitud en movimiento. Debemos actuar como si este fuera el primer día en un nuevo empleo, vigilantes, atentos, listos para afrontar una serie de imprevistos. Así es la nueva realidad a la que nos enfrentamos cada día.

Puede que tu seas un veterano en tu trabajo actual, pero estoy seguro que nunca antes te habías enfrentado a una situación de mercado como la que se ha vivido en la pandemia del corona virus 2020. Así que asume que todo es nuevo, y redobla tus esfuerzos por ponerte adelante de los problemas.

Nada caracteriza más a una persona exitosa que olvidar los logros del pasado y concentrarse en los logros a realizar.

Todo esto también aplica a nuestra vida social, ya que el nuevo paradigma de relacionarnos hoy en día ha cambiado, y nosotros deberemos cambiar con él.

Buscar la manera de calmar nuestra ansiedad en un futuro atípicamente incierto, se logra trabajando en el hoy, buscando esas formas de salir adelante que no dependan de que el sector público o privado tome tal o cual medida, sino de las medidas que efectivamente podemos tomar nosotros y nuestro entorno cercano.

No es momento de estar estáticos, sino en un frenético movimiento, que quizás no sea físico pero si debería ser al menos mental. Ya que es momento de buscar nuevas oportunidad, o quizás viejas oportunidades que tu mismo has pasado por alto en el pasado y que hoy en día te sea posible de reflotar.

Depresión

Es uno de los motivos principales por los cuales necesitamos hablar con alguien. Es una enfermedad que aqueja a una enorme cantidad de personas en todo el mundo y puede llegar incluso a ser fatal al inducir suicidios. Lo primero que aniquila la depresión es tu voluntad, tus ganas de hacer lo que antes hacías a diario. La depresión te sume en una inacción, que se vuelve cada más grande y que termina quitándote la alegría de todo aquello que disfrutabas antes.

¿Qué hacemos cuando no tenemos ganas de nada? ¿Con quién hablamos cuando sentimos que nadie quiere o puede ayudarnos? ¿Qué hacer cuando consideramos que todo está perdido y que nada tiene sentido?

En el momento en el que dejamos de sentirnos productivos es cuando la depresión y la ansiedad comienzan a apoderarse de nosotros y la forma de combatir esto es con lo contrario a la depresión, es decir la acción.

Trabajar en lo que está dentro de nuestro control, creando y buscando oportunidades, aprendiendo nuevas aptitudes o perfeccionando las viejas es en lo que deberíamos poner nuestro foco de atención si lo que buscamos es acabar con nuestra depresión.

La sensación de terminar un trabajo, de limpiar nuestro cuarto, preparar una comida, realizar una hora de entrenamiento, o ensayar una canción, sea lo que sea que hagamos, esa sensación de habernos puesto una meta y cumplirla nos da bienestar, y el bienestar es la principal arma contra la depresión.

Muchas veces no tendremos ganas de hacerlo, pero no te estoy diciendo que tengas ganas, sino que te obligues a hacer este tipo de acciones, aún cuando no las tengas. La depresión se caracteriza por la falta de ganas, y a esa apatía solo se la puede vencer con voluntad.

"Hay una fuerza motriz más poderosa que el vapor, la electricidad y la energía atómica. La voluntad" Albert Einstein

Nadie puede arrebatarte el presente si tu no lo permites, tu eres la única persona capaz de eso. Recuerda tu eres el arquitecto de tu destino, solamente tu eres la ingeniera de tu vida.

Tenemos una oportunidad de vivir y eso ya es un presente. Probablemente sea distinto al que te imaginaste, o soñaste, incluso puede ser diferente a ese por que tanto trabajaste, pero es tu presente, tu regalo es el estar vivo, viva, hoy.

Tienes la responsabilidad de vivir y para ello debemos adaptarnos y encontrar como darle valor a nuestros clientes, amigas, parejas hijos en la situación actual, que es la única que existe por el momento.

Quiero que pienses en eso ¿De qué manera estás dándole a los demás algo de valor hoy? ¿De qué forma te comprometes a tomar acciones que te permitan cumplir las pequeñas metas diarias que conforman tu vida? (Hacer la cama, leer un capítulo de un libro, entrenar una hora, pasear a los perros, preparar una comida, ver un video que te motive)

No me importa como planees hacerlo mañana cuando creas que todo estará mejor, tal vez las cosas nunca cambien, ya que nadie sabe cuando van a cambiar, pero hoy, hoy tenemos una oportunidad y esa oportunidad no la debemos desaprovechar, es momento de accionar, de levantarnos de este letargo, de esta espera a que el afuera nos traiga soluciones y ser nosotros esa solución que tanto ansiamos. El hoy es tuyo, no esperes más, acciona hoy.

Te dejo unas preguntas que sería ideal las pudieras anotar en una libreta o al menos en tu celular, pero si no, trata de dedicales un tiempo a contestarlas mentalmente y reflexionar en ellas.

¿Cuál crees tu que es la nueva normalidad en la que vives?
¿De qué clase de tareas está compuesto tu presente y cuáles te gustaría incluir?
¿Qué acciones podrías emprender para cambiar tu vida y la de los que te rodean?
¿Qué has perdido debido a la pandemia o en relación al año pasado?
¿Qué has ganado debido a la pandemia o en relación al año pasado?
¿Qué viejos fantasmas ha despertado tu situación actual?

Caos

Esta sensación de que nada está en su lugar suele ser algo que nos genera mucha ansiedad, ansiedad que muchas veces no hallamos la forma de exteriorizar, de hablar, de debatir y reflexionar al respecto.

El caos significa el desorden, y creo que es la palabra que mejor define los momentos que se han estado experimentando desde marzo del 2020 con la declaración de pandemia.

El caos que suele estar presente en nuestra vida cuando no hallamos la forma de poner cada cosa en su lugar, cada pensamiento, cada sentimiento. Somos seres que necesitan expresarse, somos seres que requieren un orden para vivir en armonía consigo mismos. Cuando no nos sentimos bien con nosotros mismos, cuando nuestra autoestima se ve eclipsada por las circunstancias externas, nos sentimos en caos.

La pandemia 2020 trajo un nuevo juego de reglas para nuestra vida. Nuestros horarios laborales han cambiado, nuestro ambiente laboral ha cambiado, nuestro ambiente social, familiar, personal, todo cambió.

La forma y el tiempo que le dedicamos a nuestros amigos y familiares ha mutado drásticamente. Todo pareciera patas para arriba. Así también nos sentimos cuando nos percibimos impotentes ante un problema, ante una situación. ¿Y con quién hablamos de eso?

Hasta la forma de saludarnos cambió durante la pandemia 2020. Nada parece ser lo que era antes. Y esto nos genera ansiedad, estrés. Hay situaciones en las que ya no sabemos como enfrentar el día a día y eso es el caos en el que vivimos, en el que nuestra mente, nuestros pensamientos nos ponen.

Todos tratamos de anticiparnos al futuro, ya que el miedo suele ser nuestros principal motor de vida. El miedo a no ser amados nos hace buscar el amor, el miedo a morir de hambre, nos hace buscar dinero, el miedo a morir, nos hace tratar de exprimirle todo el placer posible a la vida.

La cruda verdad es que jamás hemos sabido que nos deparará el mañana y son pocas las herramientas que tenemos para anticiparlo.

Debemos embarcarnos en una especie de dualidad entre dejarnos fluir y prepararnos para las eventualidades que se puedan sucitar.

Este desorden en el que vivimos, esta maraña de situaciones que se nos presentan hoy en día, nos hace enfrentar un nuevo desafío, y como todos los desafíos y crisis, encierran oportunidades. Nuestros trabajo es detectar estas oportunidades que a veces están a simple vista pero tapadas por el desorden en el que vivimos.

Debemos abocarnos a darle orden a este desorden. Atenernos a nuevos horarios, a nuevos espacios de trabajo. A nuevas formas de ver a nuestros amigos y familiares y hacerles sentir que los queremos y que estamos cerca de ellos.

Buscar nuevas oportunidades laborales, y nuevas aptitudes, para lo cual deberemos cambiar nuestros enfoque de esperar que alguien desde fuera nos auxilie y entender que nosotros seremos nuestros propios salvadores.

La verdadera ayuda solo puede provenir desde dentro, de reconocer el caos en el que vivimos y estar dispuestos a ayudarnos primero para que alguien pueda ayudarnos después.

Podemos salvarnos, claro que podemos, pero tenenos que darnos la autorización para hacerlo, tenemos que creer que tenemos el poder de ayudarnos a nosotros mismos, ya que nadie más lo tiene. Nadie más puede embarcarse en esta tarea de definir nuestras metas nuevamente, alinear nuestros valores con nuestras aptitudes y el mercado al que nos enfrentamos. Alguien más puede guiarnos, pero somos nosotros lo que tenemos que aceptar esa guía y luego, claro, transitar el camino, accionar.

Solo nosotros podemos acomodar la vida que nos fue sacudida desde el afuera. Siempre habrá un sin fin de problemas listos para conmocionarnos, para transformar nuestra vida en un caos. Así como en el 2020 nuestra vida fue sumida en el caos cerrando fronteras, lugares de trabajo, de recreación, y de educación, y además con la inminente amenaza la enfermedad y la debacle económica, cualquier problema al cual le des la suficiente importancia puede sumirte en un caos similar, ya sea la perdida de una pareja, del trabajo, un fallecimiento, o a veces la angustia existencial de no saber cual es nuestros propósito en la vida.

No podemos hacer todo, pero podemos hacer algo, y debemos enfocarnos en ese algo que si podemos hacer. Ya que ese es nuestros poder, esa es la base del empoderamiento que debemos reclamar para nosotros mismos.

Es momento de tomar control de nuestras vidas, de quienes somos, poco a poco, como cuando se nos enredan los auriculares del celular, con paciencia, y tirando lentamente, a veces jalamos cuando hay que pasar hacia el otro lado y así a través del ensayo y error ir buscando la manera de que nuestra vida quede de la forma en la que la necesitamos.

Una situación como la de la pandemia 2020 es extremadamente angustiante, nos genera caos. Nos hace dudar de nosotros mismos y realmente no sabemos como comenzar a resolverla ya que nos hace querer escondernos debajo de la cama para esperar que el tiempo pase para que retorne ese orden en el que solíamos vivir.

Nosotros cambiamos junto con el mundo, y por ello debemos ir adaptándonos a este mundo siempre cambiante. Nuestros valores necesitan ajustes, nuestras aptitudes ser pulidas, y las relaciones con el exterior, bueno, esas siempre presentan cierto grado de caos, así que volver a ser quienes eramos nunca es una opción, siempre debemos ir mutando y tratar de ser una mejor versión.

Lamentablemente ese viejo orden no va a regresar, esa versión de nosotros, de nuestra vida ya caducó, así que es tiempo de redefinir esta nueva normalidad que nos toca vivir.

Muchas cosas no volverán a ser como antes aún cuando el caos se disipe y llegue el orden.

Es momento de asumir nuestras perdidas y comenzar a poner en orden esto que si tenemos, esto con lo que si podemos hacer algo y que no depende de nadie más que de nosotros para poder resolver.

Para poder darle orden a este gran desorden, tenemos que hacernos cargo de nuestros día a día, tenemos que estar determinados a accionar sobre nuestro aquí y ahora para así sacarle provecho al hoy, a este hoy que dejará de ser un caos para transformarse en nuestra nueva vida, nuestra nueva normalidad, nuestro nuevo orden.

¿Estas preparado para ordenar tu vida?

<u>Tarea</u>

¿Qué necesitas para que tu vida tenga más orden?
¿Qué es lo que te ha sacado de balance?
¿Cuál es tu mayor problema?
¿Qué clase de problemas si puedes resolver hoy?
¿Qué es lo que estás haciendo de forma productiva en tu día a día?
¿De qué manera podrías ser más productivo?
¿Qué nuevas aptitudes has descubierto en ti, o crees que deberías incorporar?
¿Qué es lo que se necesita en esta nueva normalidad para triunfar?
¿Qué clase de relaciones personales o de negocios son las que prosperan hoy en día?
¿Cuáles son tus metas para los próximos 30, 60 y 90 días?

Orden

Luego de la tormenta necesitamos que llegue la calma, pero esa calma debemos producirla nosotros mismo, debemos generarla.

Siempre habrá algo que nos termine de cuadrar, asperezas que limar, prioridades que determinar ¿Con quién hablamos sobre todo esto? ¿Quién nos ayudara a poner nuestros pensamientos, ideas, prioridades en orden? ¿Qué clase de orden necesitamos para que esté alineado con nuestros valores, nuestras metas, sueños, aptitudes y a la vez con las necesidades del mercado?

Necesitamos fundar un nuevo paradigma para nosotros y ese paradigma es el de nuestros nuevo orden. ¿En quién nos apoyaremos para construir los cimiento de este nuevo orden?

¿De qué manera vemos la vida hoy? Esa es la pregunta que necesitamos responder. Ese es el presente en el que estamos viviendo y al que debemos adaptarnos, aunque dejando lugar a pequeñas modificaciones que irán viniendo en los días y semanas por venir.

Todos tenemos una forma de comenzar nuestro día, y es ahí donde comienza el orden. Nosotros creamos nuestra propia rutina, y vamos asignando prioridades en relación al trabajo, la actividad física, la actividad social, la comida, el modo de comprar y relacionarnos con nuestros pares, familias y amigos.

La única manera de darle orden a nuestros días, es enfocarnos en todo aquello que podemos hacer con estas nuevas reglas que imperan.

Centrarnos en lo que si podemos hacer nos llena precisamente de poder, del poder de resolver pequeñas tareas y en eso debemos enfocarnos.

Todo nuevo paradigma tiene sus claves para el éxito y es nuestro trabajo encontrarlas.

Durante el 2020 y el confinamiento que acarreó la pandemia, vivíamos bajo un nuevo paradigma al cual tuvimos que darle orden para que aún a pesar de él, pudiéramos cumplir nuestras metas.

Es cierto que tal vez no era posible ir a un café a verte con un amigo, pero siempre podías prepararte un exquisito café en tu casa a la vez que tu amigo hace lo propio en la suya y disfrutar de verlo y platicar con el a través de una aplicación de video llamada. Sé que no es lo mismo, pero es lo mejor que se podía hacer dadas las circunstancias de pandemia, y esa debería ser la pregunta constante que tenemos la obligación de hacernos.

¿Qué es lo mejor que podemos hacer dadas las circunstancias? A veces lo perfecto es enemigo de lo posible, y este nuevo orden debe estar repleto de cosas posibles, no de cosas perfectas. ¿Qué está dentro de mis posibilidades y me ayuda a cumplir mis objetivos?

Las circunstancias que nos rodean son a las que nos debemos adaptar, difícilmente esté dentro de nuestro poder cambiarlas, pero hay mucho que nosotros podemos hacer para adecuarnos de la mejor manera posible a ellas y sacarles provecho. En esas áreas de oportunidades es en donde debemos enfocarnos. Y es en eso en lo que necesitamos enfocarnos.

Me gustaría aquí dejarles unas herramientas que me han sido muy útiles en mi vida, y que son esenciales para poder darle orden a nuestra vida.

El Foco

Somos serenes predominantemente pensantes (aunque algunos de nosotros a veces lo disimulemos muy bien) es decir que son nuestros pensamientos, y no el instinto, los que nos llevan a que tomemos determinadas acciones o no en lineas generales.

Necesitamos que el pensamiento preceda a la acción. En aquello que pienso es en lo que luego puedo accionar en consecuencia. Claro que nuestros sentidos perciben el entorno y será muy difícil no pensar en el frío que hace cuando el termómetro indica que la temperatura es de varios grados bajo cero y uno no tiene la indumentaria adecuada, pero sacando este tipo de sensaciones extremas, tú, y solamente tú, decides en qué pensar, y allí donde pongas tus pensamientos se hallará tu foco.

Imagina que estás en una habitación completamente obscura, en la cual obviamente, no eres capaz de ver absolutamente nada. Ahora imagínate que posees una linterna con un haz de luz extremadamente fino, que solo es capaz de alumbrar un pequeño circulo de no más de 1 centímetro de diámetro. Así, a medida que vas enfocando una mesa, una silla, un libro, o un cuadro, eso es lo único que ves. Aunque sabes que hay muchas más cosas en esa habitación solo eres capaz de ver aquello que enfocas con tu linterna.

Esa linterna es el foco, y la luz tu pensamiento. En la medida en la que mantengas el foco en una sola cosa a la vez, pues solo pensarás en eso. Por el otro lado si quieres alumbrar más cosas, es decir expandes tu foco, eso mismo te llevará pensar en más cosas, tu atención estará colmada de todo eso. Por eso, si escoges poner el foco en una tarea a la vez y le sacas esa luz, esa atención, a cualquier otro problema, si no le dejas lugar en tu mente, te prometo que los pensamientos solo se dirigirán hacia donde tu pongas la luz, la atención, el foco.

Tu eres el dueño, la dueña de esa linterna, tu controlas tu mente, tus pensamientos. El único secreto que necesitas saber es el de dirigir tu foco, tu atención, solamente hacia donde tu desees que se centre.

Esto no quiere decir olvidarte de tus problemas, sino no preocuparte de ellos antes de verdaderamente ocuparte. Solo dale foco a lo que necesitan atender aquí y ahora. Ya llegará el tiempo de que resuelvas cada uno de los problemas de tu vida, pero mientras tanto solo dale foco a aquello que te interesa tener en tus pensamientos.

Utilizar el foco te ayuda a vivir el ahora, a solo ocuparte de lo que este dentro de ese pequeño haz de luz que tu controlas.

El Aikido

El aikido es una disciplina marcial que se centra en utilizar la fuerza del oponente en su contra mediante el uso de llaves, palancas, y tomas.

A veces nuestros pensamientos parecieran no tener ninguna intensión en obedecernos y se centran en todos los aspectos negativos de nuestro día. Esa energía negativa, si se nos va acumulando día tras día, pensamiento tras pensamiento, puede ser una carga muy pesada para nosotros. Es precisamente en esos momentos cuando somos susceptibles de deprimirnos, de perder nuestra buena vibra, de dejarnos vencer por nuestros miedos y angustias.

Lo que te propongo ahora es que utilicemos toda esa energía que pareciera quiere aplastarnos contra el piso y la utilicemos en su contra. Usa todo ese enojo, toda esa impotencia, toda esa frustración que sientes en tu pecho, y _CREA_. Canalízala hacia la música, la pintura, la literatura. Canalízala en actividad física, entrenando, levantando pesas, corriendo. Usa esa misma fuerza que te quiere oprimir, como combustible y quémala con acciones, ya sean artísticas, físicas, o cualquier tipo de acción que pueda alimentarse de ese tipo de combustible.

Toda esta energía negativa también puede ser utilizada para crear cosas positivas para ti, es solo cuestión de aplicar las llaves, palancas o tomas correctas. Tu te conoces mejor que nadie, y tienes toda la capacidad para encontrar de que manera transformar este peso que pareciera querer aplastarte, en el combustible con el que podrás avanzar hacia una futuro mucho más luminoso para ti.

Tu sabrás que rama del arte, de la actividad física, gastronómica, o de que manera puedes utilizar esta energía, porque a fin de cuentas no es más que eso, energía y nosotros decidimos como utilizarla. Solo necesitas saber que palancas aplicar para hacer este cambio de dirección y hacer que la misma fuerza que estaba destinada a llevarte hasta lo más profundo de tu ser te ayude a emerger hasta la cima de tu vida.

Planes

Un plan es el cúmulo de pequeños objetivos tendientes a facilitarnos la concreción de una meta. Para poder trazar y seguir un nuevo plan debemos dejar en el olvido lo que veníamos haciendo. No podremos llegar a un nuevo destino si seguimos dirigiéndonos hacia donde íbamos antes.

Por ello es necesario desaprender. Para poder poner orden en nuestra vida, hay un sin fin de nuevas aptitudes que adquirir y a eso tenemos que dedicarles el tiempo que no le podemos dedicar a lo que en el viejo paradigma hacíamos.

Necesitamos desaprender, para así tener el tiempo y la energía para poder incorporar nuevos conocimientos, nuevas herramientas, nuevas aptitudes.

Es tiempo de desempolvar y de adquirir nuevas habilidades que te permitan triunfar en lo que hoy es tu nueva realidad.

La revolución digital ya pasó y los revolucionarios están el en el poder, así que la revolución digital es ahora el nuevo orden mundial, y si no piensas como hacer tu negocio digital, o mantener relaciones digitales estarás del lado perdedor de la historia.

Necesitamos entender que es momento de pasar de nuestro plan A, al plan B, y si no tienes un plan B es momento de crearlo, y también tener un plan de escape por si las dudas.

Plan A, B y plan de E de escape

La pandemia 2020 nos hizo vivir un punto de inflexión, un momento en el cual fue necesario que nos sometamos a ciertos cambios o nos quedaríamos fuera de una cantidad de situaciones que podrían favorecer nuestra vida.

Como ha sucedido con la forma que teníamos de relacionarnos con las personas cara a cara, que fue dando lugar en parte a reuniones virtuales, así como muchos hábitos de consumo se centralizaron a través de internet y las compras en línea, la pandemia 2020 obligó a muchas personas a pasar a su plan B, es decir una forma de ingresos parecida pero no idéntica a la que tenían. Por ejemplo los restaurantes que aumentaron significativamente las entregas a domicilio cuando antes trabajaban mucho más con clientes presenciales.

El plan A es el plan con el que estamos cómodos, digamos que es nuestros *modus vivendi (*como nos ganamos la vida), a nivel laboral y nuestro *modus operandi* (como nos relacionamos) a nivel social.

Este plan A es como vivimos y hacemos las cosas y obtenemos cierto tipo de resultados. Pero si eres como yo, una persona inconforme, que siempre cree que el mundo tiene tanto para darnos como nos atrevamos a pedirle ya que soy un firme creyente de que vivo en un universo de abundancia y que no hay límites para todo lo felices, afortunados y bendecidos que podemos llegar a ser, deberás estar dispuesto a salirte continuamente de tu zona de confort,(tu plan A) y tener siempre preparado el plan B para ponerlo en acción. Necesitamos estar atentos a ese momento en el cual el plan A ya no funciona para nosotros.

Creo de que el gran punto de inflexión que se ha vivido con la pandemia 2020 hará que repensemos muchas de las antiguas formas de relacionarnos, trabajar y vivir, es decir que migremos hacia un plan B en varios aspectos de nuestras vidas.

Probablemente cuando abran los centros de entrenamiento, (cosa que aún no ha sucedido en la ciudad de México) muchas personas que han comprado equipo y que descubrieron las comodidades de entrar en sus casas ya no regresarán. De la misma manera habrá quienes prefieran evitarse largas horas de tráfico para tomarse un café con un amigo y pidan la misma comida a la misma hora en sus casas y tenga una reunión por internet.

Claro que no estoy diciendo que ya no habrá reuniones sociales y que las personas seguirán toda su vida en sus casas, solo digo que se ha abierto un nuevo paradigma, una nueva forma de vivir y necesitamos irnos adaptando a ella.

Necesitamos poder leer las señales que se aparecen en nuestra vida, esa señales de que ya no somos tan felices como solíamos serlo haciendo lo que hacemos, esas señales que marcan que nuestros clientes ya no consumen tanto como antes nuestros productos, o no nos llevamos tan bien como antes con nuestros amigos, familiares y parejas. Esas señales nos indican que es momento de pasarnos a nuestro plan B.

Es crucial que tengamos la humildad para reconocer que es momento de dejar de hacer algo que nos beneficio durante mucho tiempo, algo en lo que eramos buenos y de alguna manera nos definió durante un periodo de tiempo. No solo me refiero a lo laboral sino también a lo social y personal. Quizás sea momento de dejar de jugar tenis si tu rodilla no te permite hacerlo al nivel de antes, o simplemente tu grupo de amigos del tenis no te hace sentir tan cómodo como solían hacerlo.

El futuro es hoy y ese futuro siempre necesita que tengas un plan B a mano. Muchas veces nos quedamos con esa idea de que no hay que cambiar algo si aún funciona, pero en realidad es todo lo contrario, las empresas lanzan nuevos productos al mercado antes de que sus viejos productos queden obsoletos. Es precisamente antes de que algo ya no sirva para nada, cuando es el momento de cambiar y aún seguir teniendo éxito.

Tenemos que estar atentos para comenzar a detectar esos momentos en los que deja de funcionar nuestra forma de ser, de relacionarnos, nuestro trabajo, antes de que sea demasiado tarde y tengamos que saltar directamente hacia nuestros bote salva vidas.

Plan E

Mas allá de nuestras capacidades adaptativas siempre tenemos que tener un plan E, es decir un plan de escape que te permita mantenerte a salvo aún cuando todo lo demás colapse.

Un plan E puede ser dar clases particulares de inglés en una zona rural, o volver a vivir a casa de tus padres. Un plan E puede ser refugiarte en tu casa durante un tiempo viendo una serie que siempre deseaste ver mientras vuelves a pulir tus habilidades sociales, o tu autoestima se restablezca.

Este plan tiene que tener la posibilidad de mantenerte a salvo, al menos de los ajetreos de la vida cotidiana, hasta que vuelves a pensar como volver al ruedo.

Quizás pasar un tiempo con un gran amigo después de una ruptura amorosa sea una buena alternativa para sanear tu corazón, o emprender un viaje lleno de emociones que hará que dejes de pensar en eso que tan to que aqueja.

Lo importante es que sepas que a pesar de que tu estilo de vida actual parezca perdido, aún tendrás tu plan de escape.

La calma

Hay muchas cosas buenas que se pueden suscitar cuando regresamos al orden en nuestra vida, pero claro que necesitamos la paz, la calma luego de la tormenta para poder apreciarlas.

Al principio, al igual que cuando transitamos cualquier proceso de duelo o perdida, solo estamos enfocados en esa perdida y precisamente por ello no somos capaces de enfocarnos en esa maravillosa oportunidad de apreciar lo que esa pérdida nos puede traer de positivo nuestra vida.

La pérdida es como un barajar y dar de nuevo, así que tenemos que agudizar nuestros sentidos para entender de qué manera sacaremos el mayor provecho de esta situación, de por si con todos los tintes negativos. No estoy diciendo que la perdida de un ser amado sea algo positivo, sino que es lo que es por las razones que sean, pero una vez sucedido eso, debemos tratar de sacar lo mejor de una mala situación.

Entender donde estamos ahora nos sirve para poder adecuar nuestro plan B, nuestro modo de vida actual, a la situación que estamos atravesando. En eso debemos enfocar nuestra energía, en ese cambio y no en la imposibilidad de no poder seguir haciendo lo que hacíamos, o quedarnos en la inmovilidad de esperar que todo sea como era antes.

En la vida están quienes se quedan esperando que la mala racha acabe, o que Dios o el universo provean, pero también están los que creen que Dios y el universo ya conspiraron dándole a uno la voluntad de salir y tomar aquello que deseen del mundo. Puedes pedirle a Dios o el universo que deje de llover o puedes ponerte a bailar bajo la lluvia ¿Tú qué harías?

Durante la pandemia 2020 estuvieron los que se quedaron esperando que abrieran los centros de entrenamiento para volver a ir al gym y quienes se pusieron a entrena doble turno en sus propias casa logrando el mejor estado físico de sus vidas.

El cambio

Quien debe regir nuestros cambios es una suerte de combinación entre nuestras aptitudes *(lo que sabemos hacer)*, nuestros valores *(en lo que creemos*) y lo que el mercado determine *(lo que los demás quieren)*

Nuestras aptitudes son aquellas cosas que sabemos hacer muy bien y somos relativamente buenos en ellas como escribir, cantar, construir una casa o llevar la contabilidad de una empresa.

Nuestros valores son esas ideas que nos rigen y que nos hacen ser quienes somos, como la honestidad, integridad o el respeto al prójimo.

Y el mercado es la demanda pública de ciertas profesiones o personas y dependen totalmente del mercado laboral y social en el que te encuentres. ¿Qué clase de profesionales, de novios, novias, amigos, consejeros, jugadores de tenis, son los que más se buscan?

Si buscas que tus cambios profesionales y personales se asemejen a lo que hacías antes (Plan A) estarás forjando tu Plan B.

Por más que tus aptitudes no sean las más adecuadas, o el mercado necesite otro tipo de persona, no podrás ir muy lejos de tus valores sin sentirte verdaderamente mal. Es fundamental que te quedes cerca de tus valores, pero no inmóvil.

La vida está en constante movimiento, tus gustos e intereses también se están moviendo. Cada día hay nuevas tecnologías, nuevas formas de hacer lo que antes hacías, ya sea más rápido, más eficiente, o tal vez eso mismo ya esté obsoleto y hoy en día se resuelva de una manera completamente nueva.

Cada uno de nosotros debe estar en constante cambio, constante evolución, así como la forma de relacionarnos con las personas que queremos mantener cerca en nuestra vida tiene que ir adaptándose.

La forma de comunicarnos varia, las épocas varían, los modelos mentales con los que crecimos van quedando obsoletos y debemos adoptar nuevos.

Un modelo mental es tu forma particular de ver y entender la realidad. Si tu modelo mental esta basado en que el dinero es lo más importante del mundo, pues estarás dispuesto a hacer cualquier cosa por dinero.

Si tu modelo mental te dice que la familia es lo más importante del mundo, pues estarás dispuesta a hacer cualquier cosa por tu familia.

Tu modelo mental es el que te hace entender la realidad de tal o cual manera.

Por ejemplo, cien años atrás, las personas de clase económica acomodada, se cuidaban mucho de no broncearse, ya que el hecho de tener la piel bronceada implicaba que uno trabajaba al aire libre y eso era un símbolo de trabajo básico destinado a la baja burguesía y los campesinos a los cuales la aristocracia no quería verse asociada. El modelo mental que imperaba en esta aristocracia les hacia repudiar a las personas que trabajaban manualmente.

De la misma manera que muchas años atrás para ciertas mujeres no realizar ningún tipo de trabajo era un símbolo de estatus que implicaba que ellas no tenían la necesidad de hacerlo. Sus modelos mentales les hacían ver el trabajo como indigno de cierto estatus y nivel social.

Hoy en día esos modelos mentales son del todo obsoletos para la mayoría de las personas.

Ir buscando alternativas laborales, o sociales adyacentes a lo que solías hacer y desde ahí ir navegando y probando distintas formas en las que te halles satisfecho o satisfecha con lo que haces y quien eres, es ir migando del plan A al plan B y adaptándote a este nuevo mundo cambiante. Eso es ordenar el caos.

Necesitamos hacer que nuestro plan B sea un pequeño desvió del plan A, algo con lo que te sientas relativamente cómoda, que utilice las aptitudes que tienes y que sea valorado en el mercado.

"Para ganar más dinero no necesitas trabajar más, necesitas tener mejores ideas"

Y ese es el punto del plan B, que sea una mejor idea que el plan A en el momento actual. Una especie de *Up grade* (avance o mejora)

No solo me estoy refiriendo a lo laboral, sino también a tus metas de vida, a tu parte social. Nada de esto está predeterminado, sino determinado por tus acciones del día de hoy. Ya sea tu grupo de amigos, tu pareja, la relación con tus hijas y tus padres. Puedes tomar medidas hoy para ir cambiando la forma en la que te relaciones con ellos y en consecuencia los resultados de las mismas. Nada está escrito en esta vida, ni el amor que se supone debes de sentir por tus padres, hijos o pareja. Todo esto lo debes de decidir tu momento a momento, si lo sientes, actuá en consecuencia, y si no lo sientes, también.

La vida está llena de unos ¨debería¨ autoimpuestos. Pero en realidad no hay nada que deberías hacer, sino hay muchas cosas que puedes hacer si te hacen bien, si así lo escoges.

Tu elijes tu vida cada mañana cuando te despiertas y sigues una rutina ¿Sabes por qué? Porque tu futuro te necesita, tu pasado no, así que si un día despiertas y te das cuenta de que la vida que estás llevando no te hace feliz, es tu obligación para con tu niño interior, es tu obligación para con tu propósito vital cambiar de vida.

No me digas que no puedes hacerlo ya que es tan fácil como marcharte de donde estés. Si no lo haces es porque consideras que hay muchas cosas en tu vida que valen la pena y decides, si leíste bien, tu decides quedarte ahí y luchar por todo eso, por esa vida que tu construiste o que dejaste que se construyera al rededor tuyo.

Tu eres el arquitecto, la ingeniera de tu propio destino, y los planos para ese destino debes revisarlos a diario, y el trabajo de construirlo, son las acciones que emprendes día a día.

A veces simplemente necesitamos alguien que logre ver más allá de nuestras ocupaciones diarias para ayudarnos a recordar como leer los planes que nosotros mismos hicimos, y ¿Quién es ese alguien?

Sacar la basura

¿Qué sucede si no sacas la basura? Pues una serie de problemas, por un lado comienza a oler, por otro lado pues ocupa lugar y si amontonas la basura de un mes, créeme que por más grande que sea tu casa, cada vez habrá menos lugar para ti, espacio para que camines y vivas en tu propio hogar y todo esto sin mencionar los posibles problemas de salud que ocasiona la suciedad que atrae roedores, insectos y animales que se alimentan de la putrefacción.

La basura es el subproducto de tu vida, de tu consumo, de comer, beber, usar productos, todo esto genera basura, y esa basura o la reciclamos o debemos sacarla de nuestra vida.

Estás de acuerdo conmigo en que es de extrema importancia en mantener tu casa limpia, barrer, trapear, acomodar y por supuesto, sacar la basura ¿Verdad?

Pues lo mismo sucede en nuestra cabeza, necesita limpieza cotidiana, orden y sobre todo, que saquemos aquello que no sirve de ahí.

O reciclas esas ideas, esos pensamientos, esas habilidades que tienes en tu mente o te deshaces de ellas. No hay otra alternativa más que transformar en algo útil esas viejas ideas, recuerdos, pensamientos (utilizando el Aikido por ejemplo) o comienzas a desaprender.

La habilidad más importante que podemos adquirir hoy en día, no es la de aprender nuevas cosas, sino la de desprendernos los suficientemente rápido de lo que ya no nos sirve.

El punto clave de todo esto es discernir entre lo que es basura y lo que es algo útil dentro de nuestra cabeza.

Solemos estar tan metidos en nuestra propia historia, con tanto apego emocional a esa persona que solíamos ser, a esos valores que nos llevaron tan lejos, a esas amistades, a ese trabajo a esa idea de nosotros mismos que ¿Cómo hacemos para identificar que es lo que nos está ayudando a avanzar hacia nuestros sueños y que nos esta entorpeciendo? ¿Cómo logramos tener una mirada objetiva sobre nosotros mismos? ¿Quién puede ayudarnos en este proceso de reciclaje emocional?

Estamos llenos de pensamientos, de recuerdos, de ideas, pero ¿Cuánto de todo esto nos ayuda a concretar nuestros sueños, nuestras metas, nuestros objetivos? ¿Cuánto de lo que albergamos en nuestra mente nos hace una mejor versión de nosotros y cuantas ideas y pensamientos no dejamos ahí por el mero recuerdo de que algún día nos sirvió?

¿Esa idea, ese recuerdo ese pensamiento, te hace sentir bien? ¿Es útil para ti, para quien eres hoy, para lo que anhelas hoy? ¿Le aporta algo a tu vida? Si la respuesta es no a estas preguntas, entonces dejame decirte que estas frente a basura, y la basura más temprano que tarde comienza a oler feo y estorbar.

Lo mismo sucede con personas y relaciones que ya no tienen sentido que conservemos, es gente que te da el claro indicio de que ya no quiere estar en tu vida, y tu aún así te aferras en seguirla recordando, en llamarla aún cuando la otra personas jamás muestra interés por ti.

Nos aferramos a ideas, recuerdos, personas, como si el hecho de regalarles nuestra ausencia fuese algo malo. La única manera de que pasen cosas nuevas en tu vida es que tu así lo quieras y lo permitas, y parte de ese permiso es deshacerte de lo viejo que ya no te sirve.

¿Y sabes queé? Toda esa energía podrías estarla utilizando en tus propios sueños, o en la gente que si te ama, y para la cual estamos muy ocupados como para dedicarles tiempo.

Cada minuto que le dedicas a alguien que te trata como alternativa y no como prioridad es un minuto que le quietas a quién si te ama y demuestra que lo hace.

Es nuestra obligación la de sacar la basura, la de desprendernos de conceptos que ya no nos empoderan, que ya no son útiles para las personas en las que nos convertimos hoy día y esa es una labor constante, la de vigilar tu mente de recuerdos, de ideas de conceptos que ya no le aportan a la persona que eres ahora.

Debes mantenerte vigilante y monitorear las ideas que crucen tu cabeza, para así hacer limpieza de forma cotidiana.

Cada pensamiento nos lleva a acciones ya que es el propio pensamiento el que genera la acción.

Pensamientos deprimentes nos llevan a deprimirnos, pensamientos alegres nos llevan a alegrarnos e ideas que nos llenen de poder, de energía, nos empoderan.

¿A cuáles pensamientos crees que deberíamos darle prioridad en nuestra vida?

¿Estás dispuesta, dispuesto, a sacar la basura de tu cabeza?

¿Con quién podemos hacer este proceso de reciclaje?

Lo que callamos

Público

Lo que callamos son nuestros miedos, nuestras ansiedades, cualquier idea o pensamiento que se aleje de la norma, de lo que nuestros grupo de amigos y familiares creen que es lo correcto.

Cuanto más particular y diferente a tu grupo de allegados sean tus modelos mentales, pues mayor será la cantidad de temas que te guardes para ti mismo, que calles.

Queremos pertenecer, el sentido de pertenencia es lo que nos ha congregado en enormes ciudades, es lo que hace que las empresas luchen tanto por diferenciarse y que nosotros queramos ser parte de ese grupo exclusivo de personas (millones) que utilizan esa marca de ropa, de carros, de celulares.

"Pertenecer tienes sus privilegios" dice el eslogan de una famosa tarjeta de crédito, y todos queremos pertenecer. De alguna manera creemos que si pertenecemos a determinado grupo estaremos más seguro, nos será más fácil enfrentar a lo desconocido.

Ese es el principal motivo de la segregación, de la discriminación, de ponernos a pensar que somos nosotros contra ellos. Y siempre tiene que haber un ellos, ya sea por el color de piel, la religión, la nacionalidad, el sistema político o económico en el que el otro crea o pertenezca.

Durante toda la historia de la humanidad, una tribu ha tratado de diferenciarse de otra a través de sus creencias, de los animales que veneraban o cazaban, las ideas que sostenían de una manera u otra, a tal punto que que numerosas guerras han comenzado solo para mantenerse a unos alejados de los otros.

Tenemos que diferenciarnos, parecería gritar cada empresa que realiza millones de productos en masa, pero exclusivos, claro. No importa que muchas personas tengan un Iphone, lo que importa es que hay muchas más que no pueden tenerlo y eso lo hace magnifico ¿No es así?

Diferenciarnos, pero pertenecer. Así mismo nuestras ideas tienen que ser parecidas a las de nuestros amigos, sino, pues difícilmente seguirán siendo nuestros amigos ya que no tendremos tanto en común con ellos.

Tendemos a homogeneizarnos con nuestro entorno, y así cuando ciertas ideas calan muy hondo en nosotros, pues vamos cambiando de entorno. Vamos buscando personas con ideas afines a las nuestras, con valores que se asemejen a los que uno enaltece.

Pero todos nosotros somos un cúmulo complejo de ideas y muchas podrían parecer disonantes en nuestros entorno, no todo mundo es tan liberal en sus pensamientos y acepta ideas poco convencionales.

Eso hace que cuando estas ideas aparecen, y créenme que a absolutamente todos nos aparecen este tipo de ideas, no sabemos a quien recurrir. ¿Cómo hablar de estos temas que van en contra de mis propios valores con la gente que me rodea?

¿Qué pensarán ellos de mi? ¿De qué manera me juzgarán? ¿Perderé amigos si comienzo a hablar de temas poco populares como el aborto, la eutanasia, la asistencia social, el veganismo, los derechos de la mujer o la pena de muerte?

Privado

El mundo privado es un mundo que compartimos con unos pocos elegidos, pueden ser algunos miembros de la familia, probablemente no todos, ya que aunque compartamos lazos de consanguinidad, no necesariamente tenemos la misma confianza con un hermano que con otro que con un tía que esporádicamente vemos.

El mundo privado pertenece a un pequeño grupo de familiares, tal vez algunos amigos y probablemente nuestra pareja, con quienes nos mostramos muchos más vulnerables, más honestos, más sinceros, más cercanos a quien verdaderamente somos, a diferencia de lo que mostramos con el mundo público.

Este mundo privado nos provee de algunas personas con quienes podemos abrirnos, descargar la pesada carga de vivir en un mundo público que nos impele a ocultar nuestra verdadera esencia algunas veces.

En este mundo privado podemos estar sin maquillaje, sin nuestras mejores ropas y expresar algunas de nuestras opiniones menos populares.

Pero, ¿Hasta qué punto podemos ser quienes somos? ¿No hay cosas que nos cuesta admitir incluso frente al espejo?

Como personas a veces nos decepcionamos a nosotros mismos, a ese sueño que teníamos de pequeños y que jamás logramos cumplir.

Es una competencia contra la imagen que alguna vez tuvimos de lo que iba a ser nuestra vida adulta. Con esa imagen que nos dejamos inculcar por nuestros padres, parejas, amigos y que difícilmente hemos logrado alcanzar. Eso nos hace sentir apenados y siempre necesitamos mostrarnos mucho más fuertes de lo que en realidad somos, nuestro ego, nuestra auto estima depende de eso, de la mirada de los demás, que son el espejo social, el espejo que refleja la opinión que en definitiva terminaremos teniendo de nosotros mismos.

Quizás haya alguna persona en este mundo privado en quien confiemos y a quien podamos recurrir para guiarnos, para ayudarnos, pero ¿Qué capacidad tiene esta persona para guardar nuestros secretos? ¿Para hacerse cargo de nuestra carga, de nuestros problemas, y que además dicha carga no sea demasiado pesada para ella? ¿Qué hay de la confianza de que nos seguirán amando y queriendo luego de que confesemos nuestros pecados? O ¿Seguirán pensando en que somos personas fuertes y valiosas aún cuando en nuestro interior estemos llenos de dudas?

¿Qué hay de la capacidad de estas personas de guiarnos, de ofrecernos las herramientas apropiadas para solucionar nuestras dudas? ¿Para sobrellevar nuestros dolor? ¿Para superar nuestros dilemas morales? ¿Espirituales? ¿Éticos?

Íntimo

Nuestro mundo íntimo es nuestros mundo más privado, es el que prácticamente nadie conoce. Es nuestro ego al desnudo. Es algo que no logramos compartir con nadie, es como realmente nos vemos a nosotros mismo, es la esencia de nuestra autoestima.

Este mundo íntimo es el que realmente lleva nuestra carga, son las fortalezas y debilidades internas de cada uno de nosotros. Es el encargado de decirnos cuánto creemos que valemos y hasta qué punto tendremos la voluntad de dar un paso más adelante en la dirección de nuestros sueños.

¿Qué pasa si no dejé de pensar en engañar a mi pareja? o ¿En acostarme con alguien menor de edad? o ¿Si no dije nada en el supermercado cuando la cajera me dio mal el cambio?

¿Qué sucede si no dejo de pensar en mi novia de la escuela, aún cuando le hago el amor a mi esposa? ¿Qué pasa si me la paso todo el día pensando en que no amo a mis hijos, en que quisiera abandonarlos y dedicarme a mi?

¿Qué sucede si detesto a mi madre o si pienso que mi mejor amiga es una imbécil por seguir casada con ese hombre que no ama?

Este es es el tipo de cuestionamiento que se encierran en nuestro mundo más íntimo, dudas que no dejamos salir, ¿Por qué? ¿Qué sucede si me muestro así de vulnerable con mi entorno, con la gente que debería estar ahí para apoyarme, con la gente que cree conocerme mejor?

Nos enseñan a mostrarnos fuertes, a no asumir nuestra propia vulnerabilidad, nuestras debilidades, ya que tenemos la idea de que si nos ven débiles se aprovecharán de nosotros. En líneas generales es así, es difícil saber con quién uno puede abrirse y mostrar sus dolores y con quién uno debe mostrarse fuerte.

Generalmente quienes más nos lastiman es a quienes más cerca tenemos de nuestros corazones.

¿Con quién hablo lo que callo?

En la actualidad, vivimos en ciudades cada vez más grandes, en complejos habitacionales donde desconocemos hasta a nuestros propios vecinos. Para quienes vivan en pueblos más pequeños, la hiper comunicación que trajo internet hace que un niño pueda tener más amigos virtuales que presenciales, que pueda jugar en línea con alguien a miles de kilómetros de distancia y pueda seguir la vida minuto a minutos de cientos de artistas, deportistas y celebridades alrededor del mundo y a su vez que sepan poco o prácticamente nada de las personas que viven a unos metros de distancias.

Hoy en día con tanto entretenimiento, con tanta información disponible nos hemos alejado los unos de otros como nunca antes en la historia de la humanidad.

La mayoría de nuestras relaciones son superficiales y verdaderamente conocemos muy poco a quienes nos rodean, me refiero que conocemos con muy poca profundidad a nuestros 10 amigos más cercanos pero conocemos superficialmente a cientos de ¨amigos¨en nuestras redes sociales.

Todo este contexto hace muy difícil que podamos encontrar esas personas con las que hablar lo que solemos callar.

Las redes sociales muestran una versión escenificada de la vida de una persona, por eso para hallar con quién hablar lo que solemos callar debemos tener un conocimiento bastante más cercano de nuestros interlocutores. ¿Qué tanto conocemos hoy a nuestros amigos? ¿Qué es lo que conocemos realmente de ellos, lo que muestran en sus redes sociales o nos tomamos el tiempo de ir más allá? ¿Eres de los que cuándo preguntan a un amigo: ¿Cómo estás? Realmente espera una respuesta sincera? ¿Les hablas por teléfono y tratas de averiguar como fue su día o te conformas de ver lo que postean en redes?

Idealmente deberíamos ser capaces de hallar a lo largo de nuestra vida un número muy reducido de Maestros, Gurues, Mentores o Coaches. De aquí en adelante los llamaré, arbitrariamente, Guías.

Estas personas son un reflejo de algo que nos gustaría alcanzar en nuestras vidas en una o varias áreas.

Bajo ningún punto de vista, son santos, perfectos, o exitosos en todas las áreas de la vida, pero nuestros maestros al menos deberían tener una luz, una gama variada de conocimientos y una forma de transmitirlos que nos permita asimilarlo.

La distancia personal con ellos es en realidad una ventaja ya que de esta manera nos garantizamos que no se verán influidos por sus propios juicios hacia nosotros, sino que trataran de ser lo más objetivos posibles al intentar echar luz sobre los temas en los cuales nos encontremos a obscuras.

Sus palabras no son ley, pero si valoramos sus experiencias, sus historias de vida, y el lugar hacia el cual han llegado, debemos aprender a valorar sus opiniones y al menos tratar de entender su punto de vista y consejos.

La experiencia en las áreas de experiencia de un guía es fundamental, una experiencia de vida que tenga la capacidad de traducir en consejos, anécdotas, metáforas o cuentos que sean capaces de orientarnos en esos momento cuando atravesamos las mayores dificultades.

La bondad a la hora de guiarnos es fundamental, por eso el valor moral y ético de estas personas es crucial al momento de acercanos o alejarnos de ellos.

Sus consejos o guías no son infalibles ya que depende mucho de la versión de los hechos que nosotros les trasmitamos. Un Guía solo suele escuchar una sola versión de lo que ha sucedido y aunque debido a su experiencia tratan de entender todos los ángulos, a veces ciertos aspectos de la realidad se les escapan por la distancia que tienen con nuestros problemas.

Los consejos de un Guía son siempre lineamientos que hay que ir probando. Mucho de esto se basa en ensayo y error, ya que depende de como las demás personas reaccionarán a estas acciones que emprendamos.

Necesitamos estar con nuestra mente abierta y dispuestos a cambiar nuestros modelos mentales para poder incorporar ideas que nos son ajenas y muchas veces incomodas a nuestra forma de ser, pero aprender y asimilar estas ideas implican una maduración, un crecimiento personal que poco a poco necesitaremos ir incorporando en nuestra vida si deseamos ser una mejor versión de nosotros mismo.

Funciones

Hablar con un Guía cumple una serie de funciones que son beneficiosas para nosotros. A cada persona pueden parecerles más importantes unas que otras, pero cada una de ellas forman parte en un de un todo.

Atención

Generar estos espacios con nuestro Guía nos permite obtener la total atención de quien nos oye. Al contrario que cuando hablamos con un amigo o familiar, nuestro Guía, suele estar ahí exclusivamente para nosotros en los espacios que se hayan pactado para tal fin.

La sensación de ser el foco de atención y que nuestros problemas íntimos sean ahora compartidos, segmentados y analizados por alguien más es una experiencia del todo gratificante. Esto mismo nos devuelve el poder que a veces perdemos al sentirnos insignificantes o poco dignos de atención.

Nos empodera ser el centro de atención y que alguien más nos ayude a echar luz sobre un asunto que permanece con mucha obscuridad para nosotros

Herramientas

El objetivo fundamental del Guía, no es resolver nuestros problemas, sino ayudarnos a vivir en un nuevo modelo mental que nos ayude a resolver por nosotros mismos los problemas que surjan en el futuro.

Se nos Guía a través del laberintos de trabas, complejos, miedos, inseguridades y ansiedades que forman parte de nuestra percepción, para ello se combate la obscuridad de lo que ignoramos con la luz de experiencias, de un modelo mental distinto al nuestro, y una serie de vivencias que forman parte del acerbo de conocimientos del Guía.

A través de todo el proceso durante el cual seremos guiados, una serie de herramientas nos serán dadas y ellas son precisamente las que utilizaremos para construir y edificar una nueva personalidad, un nuevo carácter que nos ayude a estar en sintonía entre nuestros valores y nuestras acciones.

Objetividad

Analizar un problema sin verse emocionalmente afectado por él es la base sobre la que se sustenta el hecho de que necesitemos consejo de alguien más.

Generalmente solemos estar tan involucrados, tan cerca de nuestros problemas, que somos incapaces de ver una solución que nos resultaría muy fácil de descubrir si tan solo pudiéramos tomar tiempo y distancia del problema, y ni que añadir si estamos llenos de ira, dolor, frustración o impotencia debido a ese mismo problema.

"La ira es un ácido que puede hacer más daño al recipiente en el que se almacena que a cualquier cosa sobre la que se vierte" Mark Twain

Un Guía es esa figura imparcial y ecuánime que trata de velar por la mayor congruencia entre nuestros valores y acciones, para poder orientarnos en un camino que nos permita estar en armonía con quienes somos y lo que hacemos.

La paz y plenitud se alcanzan al estar en sincronía con lo que somos y lo que hacemos. Esta es precisamente la finalidad de ser guiados en esta vida.

No siempre podremos tener la cabeza lo suficientemente fría como para tomar la mejor decisión para nosotros. Nuestro ego y nuestra autoestima son a veces esos demonios parados en nuestros hombros, que parecen querer que todo nos vaya mal en la vida.

Un Guía no tiene su ego en juego al guiarte, al aconsejarte, no tiene su autoestima pendiendo de la decisión que tu decidas tomar.

Un Guía solo pone su experiencia, conocimiento y su paz mental al servicio de tus propios intereses.

Libertad

Somos el producto de nuestras vivencias, de nuestras experiencias, de los libros que hemos leído, de las ciudades que hemos visitado, de las personas con las que compartimos nuestro tiempo.

Por eso mismo al ser Guiados, nos vemos beneficiados por más experiencias, por más conocimientos de los que disfrutaríamos si solamente usaríamos nuestro propio enfoque sobre el problema en cuestión.

"Es imposible resolver un problema pensando de la misma manera que teníamos cuando lo creamos"
Albert Einstein

Precisamente como dice la frase, necesitamos pensar de manera distinta, y la cabeza de la persona que nos guía es completamente distinta a la nuestra.

Nos veremos beneficiados por un enorme bagaje de experiencias, además, algunas personas solemos pasar por ciertos problemas una o dos veces en la vida, pero un Guía, está acostumbrado a nutrirse de la experiencia de conocer los problemas de muchas personas, así que eso mismo que para nosotros es único y probablemente el fin del mundo, la persona que nos guía ya ha pasado por ahí varias veces, quizás no en carne propia, pero si a través de los alumnos a quienes ha guiado.

<u>*Conclusión*</u>

Vivimos muy acelerados, nos hemos enseñado a vivir así, nos hemos acostumbrado a la comida rápida, a pasar por un café sin siquiera bajarnos del carro, a ordenar por una aplicación lo que sea que queramos y tenerlo en nuestra casa en menos de 24 horas.

La información de lo que pasa al otro lado del mundo la tenemos prácticamente al instante, reuniones en video llamadas, fotos, videos, audios, todo en nuestro teléfono sin la necesidad de salir de nuestra casa, y si salimos de la casa, podemos estar vigilando a través de una cámara web que es lo que sucede ahí con nuestros hijos, nuestras mascotas o nuestra propiedad, hasta la temperatura de nuestro hogar y la música que escucharemos al llegar.

En esta sociedad de la inmediatez en la que vivimos donde queremos, o más bien, demandamos que todo lo que consumamos nos de una gratificación inmediata, buscamos lo mismo en nuestros amigos, en las personas que más cerca tenemos.

Hace 40 años, podíamos esperar que nuestros trabajos duraran toda la vida. Hoy, sabemos que eso es una utopía, que difícilmente la empresa en la que trabajamos vaya a estar en pie dentro de 10 años.

Nuestros compañeros de trabajo cada vez más, son virtuales, nuestros trabajos en si cada vez es más son virtuales, y en el caso de que sea presencial, la lealtad ha dejado paso a una idea de que es un todos contra todos en el mundo laboral donde todo se vale con tal de conseguir un aumento de sueldo o un acenso.

Antes, necesitábamos de nuestros pares de trabajo para poder realizar nuestras tareas, nuestros vecinos sabían nuestros nombres y se preocupaban por nosotros, el café con los con los padres de los compañeros de nuestros hijos era la forma en la que nos enterábamos de todo y hoy lo hacemos vía whats app.

Cada vez tenemos más relaciones superficiales, relaciones que solo aplican a resolver un tema puntual y nada más. Tenemos un enorme grupo de personas a las que conocemos y con las que nos relacionamos pero que en realidad no nos conocen ni nosotros a ellas.

Cada vez nos sentimos más comunicados pero más solos, más desorientados. Nos es difícil confiar en el otro, abrirnos al otro, pedirle consejos o guía al otro. Es precisamente por todo esto que surge la necesidad cada vez más imperiosa de encontrar un Guía, un maestro, un Coach, un terapeuta, o ese santo grial de la vida que es un amigo sincero, con quién poder hablar aquello que callamos.

Epílogo

Espero a través de estas palabras que te he dedicado, y a través del tiempo que me has regalado que te hayas sentido acompañada, que te hayas sentido contenido.

No puedo ser tu amigo, porque no te conozco, pero sé que tu y yo compartimos algo, esta idea de que el mundo puede ser un lugar maravilloso si se lo permitimos, si nos abrimos a la luz y la bondad que hay en el universo.

Sé que sientes a veces esa opresión en el pecho, de todas esas palabras que pugnan por salir y que no sabes donde depositarlas. Espero que a través de las tareas que he dejado y de las preguntas abiertas que he formulado que te haya sido posible tener una conversación conmigo, que te haya sido factible tener una conversación contigo mismo, contigo misma a través de poner por escrito tus valores, anhelos, deseos acciones y objetivos.

Tienes todas las herramientas para llevar una vida plena, porque la única herramienta que necesitas es la voluntad de hacer tus sueños realidad, no solo soñarlos, sino plasmarlos y accionar hacia ellos.

Espero que hayas encontrado un poco de luz en mis palabras, y que esa misma luz te muestre el camino hacia un Guía, Mentor, o Coach, que te ayude a alcanzar tu máximo potencial.

Gracias por leerme, por compartirte conmigo y siéntete libre de compartir con cualquiera que lo necesite una parte o todo este libro a través del boca en boca, de tus redes sociales o de una plática de café.

Para que este mundo sea un lugar mejor, necesitamos convertirnos en mejores personas y seremos mejor personas cuando logremos estar plenos y felices.

Comparte tu luz, ya que esa es la calve para acrecentarla. Cuando más personas sientan la energía divina del universo, más personas podrán cumplir su destino y este mundo comenzará a cambiar.

Otros Libros del Autor disponibles en Amazon

Como protagonizar tu vida

El duelo

Conci3ncia

El dinero es Dios.

Made in the USA
Columbia, SC
24 June 2025

59833656R00041